BABYPARTY VON

Datum

ICH BIN DEINE MAMA ....

....UND ICH FREUE MICH RIESIG AUF DICH.

ICH BIN DEIN PAPA....

....UND ICH FREUE MICH RIESIG AUF DICH.

WIR SIND DEINE GROßELTERN ....

....UND FREUEN UNS RIESIG AUF DICH.

WIR SIND DEINE GROẞELTERN ....

....UND FREUEN UNS RIESIG AUF DICH.

ICH KENNE DEINE ELTERN VON:

_____

_____

ICH WÜNSCHE DIR VON GANZEM HERZEN:

_____

_____

HOFFENTLICH ÜBERNIMMST DU VON DEINER MAMA:

_____

_____

HOFFENTLICH ÜBERNIMMST DU VON DEINEM PAPA:

_____

_____

ICH KENNE DEINE ELTERN VON:

_____

_____

ICH WÜNSCHE DIR VON GANZEM HERZEN:

_____

_____

HOFFENTLICH ÜBERNIMMST DU VON DEINER MAMA:

_____

_____

HOFFENTLICH ÜBERNIMMST DU VON DEINEM PAPA:

_____

_____

ICH KENNE DEINE ELTERN VON:

_____

_____

ICH WÜNSCHE DIR VON GANZEM HERZEN:

_____

_____

HOFFENTLICH ÜBERNIMMST DU VON DEINER MAMA:

_____

_____

HOFFENTLICH ÜBERNIMMST DU VON DEINEM PAPA:

_____

_____

ICH KENNE DEINE ELTERN VON:

_____

_____

ICH WÜNSCHE DIR VON GANZEM HERZEN:

_____

_____

HOFFENTLICH ÜBERNIMMST DU VON DEINER MAMA:

_____

_____

HOFFENTLICH ÜBERNIMMST DU VON DEINEM PAPA:

_____

_____

ICH KENNE DEINE ELTERN VON:

_____

_____

ICH WÜNSCHE DIR VON GANZEM HERZEN:

_____

_____

HOFFENTLICH ÜBERNIMMST DU VON DEINER MAMA:

_____

_____

HOFFENTLICH ÜBERNIMMST DU VON DEINEM PAPA:

_____

_____

ICH KENNE DEINE ELTERN VON:

_____

_____

ICH WÜNSCHE DIR VON GANZEM HERZEN:

_____

_____

HOFFENTLICH ÜBERNIMMST DU VON DEINER MAMA:

_____

_____

HOFFENTLICH ÜBERNIMMST DU VON DEINEM PAPA:

_____

_____

ICH KENNE DEINE ELTERN VON:

_____

_____

ICH WÜNSCHE DIR VON GANZEM HERZEN:

_____

_____

HOFFENTLICH ÜBERNIMMST DU VON DEINER MAMA:

_____

_____

HOFFENTLICH ÜBERNIMMST DU VON DEINEM PAPA:

_____

_____

ICH KENNE DEINE ELTERN VON:

_____

_____

ICH WÜNSCHE DIR VON GANZEM HERZEN:

_____

_____

HOFFENTLICH ÜBERNIMMST DU VON DEINER MAMA:

_____

_____

HOFFENTLICH ÜBERNIMMST DU VON DEINEM PAPA:

_____

_____

ICH KENNE DEINE ELTERN VON:

_____

_____

ICH WÜNSCHE DIR VON GANZEM HERZEN:

_____

_____

HOFFENTLICH ÜBERNIMMST DU VON DEINER MAMA:

_____

_____

HOFFENTLICH ÜBERNIMMST DU VON DEINEM PAPA:

_____

_____

ICH KENNE DEINE ELTERN VON:

_____

_____

ICH WÜNSCHE DIR VON GANZEM HERZEN:

_____

_____

HOFFENTLICH ÜBERNIMMST DU VON DEINER MAMA:

_____

_____

HOFFENTLICH ÜBERNIMMST DU VON DEINEM PAPA:

_____

_____

ICH KENNE DEINE ELTERN VON:

_____

_____

ICH WÜNSCHE DIR VON GANZEM HERZEN:

_____

_____

HOFFENTLICH ÜBERNIMMST DU VON DEINER MAMA:

_____

_____

HOFFENTLICH ÜBERNIMMST DU VON DEINEM PAPA:

_____

_____

ICH KENNE DEINE ELTERN VON:

_____

_____

ICH WÜNSCHE DIR VON GANZEM HERZEN:

_____

_____

HOFFENTLICH ÜBERNIMMST DU VON DEINER MAMA:

_____

_____

HOFFENTLICH ÜBERNIMMST DU VON DEINEM PAPA:

_____

_____

ICH KENNE DEINE ELTERN VON:

_____

_____

ICH WÜNSCHE DIR VON GANZEM HERZEN:

_____

_____

HOFFENTLICH ÜBERNIMMST DU VON DEINER MAMA:

_____

_____

HOFFENTLICH ÜBERNIMMST DU VON DEINEM PAPA:

_____

_____

ICH KENNE DEINE ELTERN VON:

_____

_____

ICH WÜNSCHE DIR VON GANZEM HERZEN:

_____

_____

HOFFENTLICH ÜBERNIMMST DU VON DEINER MAMA:

_____

_____

HOFFENTLICH ÜBERNIMMST DU VON DEINEM PAPA:

_____

_____

ICH KENNE DEINE ELTERN VON:

_____

_____

ICH WÜNSCHE DIR VON GANZEM HERZEN:

_____

_____

HOFFENTLICH ÜBERNIMMST DU VON DEINER MAMA:

_____

_____

HOFFENTLICH ÜBERNIMMST DU VON DEINEM PAPA:

_____

_____

ICH KENNE DEINE ELTERN VON:

_____

_____

ICH WÜNSCHE DIR VON GANZEM HERZEN:

_____

_____

HOFFENTLICH ÜBERNIMMST DU VON DEINER MAMA:

_____

_____

HOFFENTLICH ÜBERNIMMST DU VON DEINEM PAPA:

_____

_____

ICH KENNE DEINE ELTERN VON:

_____

_____

ICH WÜNSCHE DIR VON GANZEM HERZEN:

_____

_____

HOFFENTLICH ÜBERNIMMST DU VON DEINER MAMA:

_____

_____

HOFFENTLICH ÜBERNIMMST DU VON DEINEM PAPA:

_____

_____

ICH KENNE DEINE ELTERN VON:

_____

_____

ICH WÜNSCHE DIR VON GANZEM HERZEN:

_____

_____

HOFFENTLICH ÜBERNIMMST DU VON DEINER MAMA:

_____

_____

HOFFENTLICH ÜBERNIMMST DU VON DEINEM PAPA:

_____

_____

ICH KENNE DEINE ELTERN VON:

_____

_____

ICH WÜNSCHE DIR VON GANZEM HERZEN:

_____

_____

HOFFENTLICH ÜBERNIMMST DU VON DEINER MAMA:

_____

_____

HOFFENTLICH ÜBERNIMMST DU VON DEINEM PAPA:

_____

_____

ICH KENNE DEINE ELTERN VON:

_____

_____

ICH WÜNSCHE DIR VON GANZEM HERZEN:

_____

_____

HOFFENTLICH ÜBERNIMMST DU VON DEINER MAMA:

_____

_____

HOFFENTLICH ÜBERNIMMST DU VON DEINEM PAPA:

_____

_____

ICH KENNE DEINE ELTERN VON:

_____

_____

ICH WÜNSCHE DIR VON GANZEM HERZEN:

_____

_____

HOFFENTLICH ÜBERNIMMST DU VON DEINER MAMA:

_____

_____

HOFFENTLICH ÜBERNIMMST DU VON DEINEM PAPA:

_____

_____

ICH KENNE DEINE ELTERN VON:

_____

_____

ICH WÜNSCHE DIR VON GANZEM HERZEN:

_____

_____

HOFFENTLICH ÜBERNIMMST DU VON DEINER MAMA:

_____

_____

HOFFENTLICH ÜBERNIMMST DU VON DEINEM PAPA:

_____

_____

ICH KENNE DEINE ELTERN VON:

_____

_____

ICH WÜNSCHE DIR VON GANZEM HERZEN:

_____

_____

HOFFENTLICH ÜBERNIMMST DU VON DEINER MAMA:

_____

_____

HOFFENTLICH ÜBERNIMMST DU VON DEINEM PAPA:

_____

_____

ICH KENNE DEINE ELTERN VON:

_____

_____

ICH WÜNSCHE DIR VON GANZEM HERZEN:

_____

_____

HOFFENTLICH ÜBERNIMMST DU VON DEINER MAMA:

_____

_____

HOFFENTLICH ÜBERNIMMST DU VON DEINEM PAPA:

_____

_____

ICH KENNE DEINE ELTERN VON:

_____

_____

ICH WÜNSCHE DIR VON GANZEM HERZEN:

_____

_____

HOFFENTLICH ÜBERNIMMST DU VON DEINER MAMA:

_____

_____

HOFFENTLICH ÜBERNIMMST DU VON DEINEM PAPA:

_____

_____

ICH KENNE DEINE ELTERN VON:

_____

_____

ICH WÜNSCHE DIR VON GANZEM HERZEN:

_____

_____

HOFFENTLICH ÜBERNIMMST DU VON DEINER MAMA:

_____

_____

HOFFENTLICH ÜBERNIMMST DU VON DEINEM PAPA:

_____

_____

ICH KENNE DEINE ELTERN VON:

_____

_____

ICH WÜNSCHE DIR VON GANZEM HERZEN:

_____

_____

HOFFENTLICH ÜBERNIMMST DU VON DEINER MAMA:

_____

_____

HOFFENTLICH ÜBERNIMMST DU VON DEINEM PAPA:

_____

_____

ICH KENNE DEINE ELTERN VON:

_____

_____

ICH WÜNSCHE DIR VON GANZEM HERZEN:

_____

_____

HOFFENTLICH ÜBERNIMMST DU VON DEINER MAMA:

_____

_____

HOFFENTLICH ÜBERNIMMST DU VON DEINEM PAPA:

_____

_____

ICH KENNE DEINE ELTERN VON:

_____

_____

ICH WÜNSCHE DIR VON GANZEM HERZEN:

_____

_____

HOFFENTLICH ÜBERNIMMST DU VON DEINER MAMA:

_____

_____

HOFFENTLICH ÜBERNIMMST DU VON DEINEM PAPA:

_____

_____

ICH KENNE DEINE ELTERN VON:

_____

_____

ICH WÜNSCHE DIR VON GANZEM HERZEN:

_____

_____

HOFFENTLICH ÜBERNIMMST DU VON DEINER MAMA:

_____

_____

HOFFENTLICH ÜBERNIMMST DU VON DEINEM PAPA:

_____

_____

ICH KENNE DEINE ELTERN VON:

_____

_____

ICH WÜNSCHE DIR VON GANZEM HERZEN:

_____

_____

HOFFENTLICH ÜBERNIMMST DU VON DEINER MAMA:

_____

_____

HOFFENTLICH ÜBERNIMMST DU VON DEINEM PAPA:

_____

_____

ICH KENNE DEINE ELTERN VON:

_____

_____

ICH WÜNSCHE DIR VON GANZEM HERZEN:

_____

_____

HOFFENTLICH ÜBERNIMMST DU VON DEINER MAMA:

_____

_____

HOFFENTLICH ÜBERNIMMST DU VON DEINEM PAPA:

_____

_____

ICH KENNE DEINE ELTERN VON:

_____

_____

ICH WÜNSCHE DIR VON GANZEM HERZEN:

_____

_____

HOFFENTLICH ÜBERNIMMST DU VON DEINER MAMA:

_____

_____

HOFFENTLICH ÜBERNIMMST DU VON DEINEM PAPA:

_____

_____

ICH KENNE DEINE ELTERN VON:

_____

_____

ICH WÜNSCHE DIR VON GANZEM HERZEN:

_____

_____

HOFFENTLICH ÜBERNIMMST DU VON DEINER MAMA:

_____

_____

HOFFENTLICH ÜBERNIMMST DU VON DEINEM PAPA:

_____

_____

Wenn aus Liebe Leben wird, bekommt das Glück einen Namen.

Hallo du großes Wunder.

Impressum

digitaltoart publishing wird vertreten von:
Robert Menhart
Immanuel-Kant-Straße 43
84489 Burghausen
E-Mail: robertm@digitaltoart.de

Printed in Poland
by Amazon Fulfillment
Poland Sp. z o.o., Wrocław
28 April 2024

6ccbef2a-8d8d-4f4d-b04a-31d290e6113dR01